Einfach glücklich leben

Einfach glücklich leben

Zusammengestellt und herausgegeben von Ingrid Dlugos

Bibliografische Information der deutschen Bibliothek
Die Deutsche Bibliothek verzeichnet diese Publikation
in der Deutschen Nationalbibliografie;
detaillierte bibliografische Daten sind im Internet über
http://dnb.ddb.de abrufbar.

Besuchen Sie uns im Internet unter:
www.st-benno.de

ISBN 978-3-7462-2646-0

Stammerstr. 11, 04159 Leipzig
Umschlag: Ulrike Vetter, Leipzig
Gestaltung: Arnold & Domnick, Leipzig
Gesamtherstellung: Arnold & Domnick, Leipzig (A)

Glück

„Na, da hast du ja noch mal Glück gehabt!" – Wie oft hat man diesen Satz schon gehört oder gesagt. Aber was ist Glück? Wenn man die Bahn gerade noch erreicht hat – oder das letzte Päckchen vom Sonderangebot erhascht – vor dem großen Regenschauer ins Trockene gelangt ist?
Glück auf Äußerlichkeiten zu beschränken, wäre trügerisch und oberflächlich. Glück entspringt aus der Tiefe. Glücklich ist, wer sich selbst annimmt, mit sich zufrieden ist und seine Grenzen und Unzulänglichkeiten akzeptieren kann. Glücklich ist, wer mit-menschlich ist, sich aufmerksam um andere bemüht und sich nicht nur um sich selbst dreht. Glücklich ist, wer sich an kleinen Dingen erfreuen kann, Dankbarkeit kennt und anderen Gutes gönnt. Glück ist kein Dauerzustand, man muss stetig daran arbeiten, und es ist facettenreich – man findet es durch viele Wege und Zeichen. Das Buch erzählt davon. Vielleicht kommen Sie beim Lesen Ihrem persönlichen Glück auf die Spur.

Ingrid Dlugos

Das Hemd des Glücklichen

Ein König war krank und ließ im Lande verkünden, er wolle die Hälfte seines Reiches dem geben, der ihm Heilung bringe. Da versammelten sich die weisen Männer und beratschlagten, wie der König zu heilen wäre. Doch keiner wusste ein Mittel zu nennen. Nur einer meinte, es sei dennoch Hilfe möglich.
Er sagte, wenn man einen Menschen fände, der vollkommen glücklich wäre, diesem das Hemd auszöge und es dem König anziehen ließe, so würde der Kranke genesen. Sogleich wurden Boten entsandt, einen solchen Glücklichen zu suchen und der Sohn des Königs zog ihnen voran. Aber sie konnten keinen Menschen finden, der mit seinem Schicksal zufrieden gewesen wäre. War einer reich, so litt er an Krankheit und Schmerzen, war ein anderer gesund, so drückten ihn Armut und Not. Und fehlte einem dritten auch nichts, erfreute er sich der Gesundheit, und hatte er Geld die Fülle,

so keifte im Hause eine böse Frau, und ungeratene Kinder machten ihm Sorge. Kurz, jeder klagte über sein Los und schalt es ungerecht. Eines Abends aber ging der Sohn des Königs an einer Hütte vorbei und hörte drinnen einen Menschen so zu sich selbst sprechen: „Nun hab ich meine Arbeit getan, hab mich sattgegessen und sattgetrunken und gehe schlafen –, was fehlt mir noch? Ich bin der glücklichste Mensch!"

Wie der Prinz diese Worte vernahm, ward er voll großer Freude und wollte das Hemd des Glücklichen für seinen Vater haben. Dem Armen sollte man Geld geben, so viel er nur haben wollte. Die Diener des Königs kamen zu dem Glücklichen und wollten ihm das Hemd ausziehen; allein – o seltsame Fügung – der Glückliche war so arm, dass er nicht einmal ein Hemd am Leibe hatte.

Lew Nikolajewitsch Tolstoi

Uns gehört nur die Stunde. Und eine Stunde, wenn sie glücklich ist, ist viel. Nicht das Maß der Zeit entscheidet, wohl aber das Maß des Glücks.

Theodor Fontane

Vergiss nicht – man benötigt wenig, um ein glückliches Leben zu führen.

Marc Aurel

Immer die kleinen Freuden aufpicken, bis das große Glück kommt. Und wenn es nicht kommt, dann hat man wenigstens die kleinen Glücke gehabt.

Theodor Fontane

Das größte Geheimnis des Glücks ist, mit sich selbst im Reinen zu sein.

Bernard Le Bovier de Fontenelle

Glücklich

Glücklich
wer der Härte des Lebens nicht ausweicht
um sogar im Kargen und Abgebrochenen
die ewigen Kunstwerke des Schöpfers zu
erkennen

Glücklich
wer die Umbrüche in seinem Leben
als Durchgänge zu verstehen sucht
die Umformung zur Freiheit erfahren lassen

Glücklich
wer im Sprudeln des Wassers
jene beharrliche Geduld entdeckt
die meine Härte verwandeln kann

Pierre Stutz

Die Lebensregeln von Baltimore

Geh deinen Weg gelassen und ruhig inmitten des Lärms und der Hast dieser Zeit und erinnere dich, welcher Frieden in der Stille liegt.

Unterhalte gute Beziehungen zu allen Menschen, soweit es dir möglich ist, aber gib dich nicht dabei auf.

Sprich, was du für wahr hältst, ruhig und klar aus und höre auch den anderen zu, gerade den dummen und unwissenden Menschen; auch sie haben ihre Geschichte.

Meide laute und aufdringliche Menschen, sie sind eine Qual für deine Seele. Wenn du dich mit anderen Menschen vergleichst, magst du dir nichtig und verbittert vorkommen; denn immer wird es größere und geringere Menschen geben als dich.

Erfreue dich an deinen Leistungen ebenso wie an deinen Plänen. Halte die Begeisterung für deinen eigenen Beruf wach, so bescheiden er auch sein mag; er ist ein wahrer Besitz in den Wechselfällen der Zeit.
Übe Vorsicht in deinen Geschäften; denn die Welt ist voller Tricks und Kniffe. Aber werde nicht blind für das, was dir an Tugend begegnet; viele Menschen streben nach hohen Idealen; und überall ist das Leben voll stillen Heldentums.

Sei du selbst. Besonders heuchle keine Zuneigung. Äußere dich nicht geringschätzig über die Liebe; denn angesichts aller Dürre und Ernüchterung ist sie beständig wie das Gras.

Nimm den Rat der Jahre freundlich an, indem du anmutig abtrittst, was dich in der Jugend umgab.

Nähre die Kraft des Geistes, um gegen plötzliches Unglück gewappnet zu sein. Aber quäle dich nicht mit Wunschbildern. Viele Ängste werden aus Erschöpfung und Einsamkeit geboren.

Darüber hinaus übe dich in gesunder Selbstdisziplin, sei sanftmütig zu dir selbst. Du bist ein Kind der Schöpfung, nicht geringer als die Bäume und Sterne; du hast ein Recht darauf, hier zu sein. Und ob es dir klar ist oder nicht, ohne Zweifel entfaltet sich das Universum so, wie es ihm bestimmt ist.

Daher lebe in Frieden mit Gott, wie immer du ihn dir vorstellst und wie auch immer deine Mühen und Erwartungen sein werden in der lärmenden Verwirrung des Lebens, halte Frieden mit deiner Seele.

Trotz all ihres trügerischen Scheins und ihrer Plackerei und ihrer verflüchtigten Träume – es ist noch eine schöne Welt. Sei vorsichtig. Strebe danach, glücklich zu sein.

St. Pauli Kirche zu Baltimore 1692,

neu übersetzt von Hermann Multhaupt

Glücklich ist einer,
der bereit ist, Zeit zu verschenken,
auch wenn er keine hat.

Adalbert Ludwig Balling

Der Himmel

Ein frommer Mensch kommt zu Gott und bittet: „Herr, ich möchte die Hölle sehen und den Himmel.“ „Nimm Elija als Führer“, spricht Gott, „er wird dir beides zeigen.“

Der Prophet führt den Frommen in einen großen Raum. Ringsum Menschen, die große Löffel mit langen Stielen in den Händen haben. In der Mitte, auf einem Feuer kochend, ein Topf mit einem köstlichen Gericht. Alle schöpfen mit ihren langen Löffeln aus dem Topf, aber sie sehen mager aus, blass, elend. Kein Wunder: Ihre Löffel sind zu lang. Sie können sie nicht zum Mund führen, das herrliche Essen nicht genießen.

„Welch seltsamer Raum war das?“,
fragt der Mensch beim Hinausgehen.
„Die Hölle“, antwortet der Prophet.
Sie betreten einen anderen Raum.
Alles ist genauso wie im ersten.
Ringsum Menschen mit langen Löffeln.
In der Mitte, auf einem Feuer kochend,
ein Topf mit einem köstlichen Gericht.
Alle schöpfen mit ihren langen Löffeln
aus dem Topf. Die Menschen sehen
gesund aus, gut genährt und glücklich.

Der Besucher wundert sich und schaut
genau hin. Da sieht er, wie die Menschen
sich gegenseitig die Löffel in den Mund
schieben. Sie gegen einander zu essen,
einer füttert den anderen.
Und der Mensch weiß: Das ist der Himmel.

Russisches Märchen

Der Mensch braucht für sein Glück
nicht nur Freude, sondern auch Hoffnung, das
Wagnis und die Veränderung.

Bertrand Russell

Höre auf, Dinge anzuhäufen, wenn dir dein Leben gelingen soll. Die Ansammlung von materiellen Gütern ist nur eine Karikatur des Glücks. Sie zersplittert und belastet den Geist.
Werde wieder leicht!

Tibetische Weisheit

Immer, wenn ich mitten im Alltag innehalte und gewahr werde, wie viel mir geschenkt ist, werden die zahllosen Selbstverständlichkeiten zu einer Quelle des Glücks.

Gustav Flaubert

Auf einer Freizeit versuchten einige Jugendliche das Wort „Glück" verständlich zu machen, indem sie nach anderen Begriffen, nach Umschreibungen suchten. Hier eine Auswahl davon:

Glück ist das Gefühl zu lieben
und geliebt zu werden.

Glück ist ein Von-schwerer-Krankheit-
Genesen.

Glück ist die aufgehende Sonne
über dem Meer.

Glück ist ein grüner Rasen mit
herrlichen Blumen.

Glück ist, einen Schirm zu haben,
wenn es regnet.

Glück ist wie das Meer – die Wellen
kommen auch immer wieder.

Glück

Das Glück besteht darin, dass man für andere lebt. Das Bedürfnis danach ist in den Menschen hineingelegt, also ist es berechtigt.
Sucht man dieses Bedürfnis auf selbstsüchtige Weise zu befriedigen, strebt man nach Reichtum, Ruhm, Wohlleben, Liebe, dann kann es geschehen, dass äußere Umstände es unmöglich machen, diesem Streben genugzutun. Mithin sind eben diese Wünsche und Bestrebungen unberechtigt, nicht aber das Bedürfnis nach Glück. Welche Wünsche und Bedürfnisse können demnach zu jeder Zeit und ohne alle Rücksicht auf äußere Umstände befriedigt werden?
Das Bedürfnis nach Liebe zu den anderen, nach Selbstverleugnung!

Lew Nikolajewitsch Tolstoi

Achte auf diesen Tag, denn er ist
das Leben – das Leben allen Lebens.
In seinem kurzen Ablauf liegt alle
Wirklichkeit und Wahrheit des
Daseins, die Wonne des Wachsens,
die Herrlichkeit der Kraft.

Denn das Gestern ist nichts als ein
Traum und das Morgen nur eine
Vision. Das Heute jedoch – recht
gelebt – macht jedes Gestern zu einem
Traum voller Glück und das Morgen
zu einer Vision voller Hoffnung.

Darum achte gut auf diesen Tag.

Aus dem Sanskrit

Glück kommt zu denen, die lachen.

Japanisches Sprichwort

Seelenruhe, Heiterkeit
und Zufriedenheit
sind die Grundlagen allen Glücks,
aller Gesundheit und des langen Lebens.

Christoph Wilhelm Hufeland

Himmlisches Glück

Wenn ich mit offenen Augen betrachte, was du, mein Gott, geschaffen hast, besitze ich hier schon den Himmel.

Ruhig sammele ich im Schoß Rosen und Lilien und alles Grün, während ich deine Werke preise.

Dir schreibe ich meine Werke zu. Freude entspringt der Traurigkeit, und die Freude macht glücklich.

Hildegard von Bingen

Als mein Herz erschöpft war,

nahm es Abschied von mir und machte sich auf zum Haus des Glückes. – Nachdem es dieses Heiligtum erreicht hatte, blieb es verwirrt und ratlos stehen, denn es sah dort nicht, was es sich immer vorgestellt hatte. Es sah weder Macht noch Wohlstand und keinen Herrscher. Es sah nur einen schönen Jüngling, seine Gefährtin, die Tochter der Liebe, und ihr Kind, die Weisheit. Da wandte sich mein Herz an die Tochter der Liebe und fragte: „Wo ist die Zufriedenheit, Tochter der Liebe? Ich habe gehört, dass sie dieses Haus mit euch bewohnt." Sie antwortete: „Die Zufriedenheit ist fortgegangen, um in den Städten zu predigen, wo Korruption und Begierde herrschen. Und wir brauchen sie hier nicht, denn das Glück sucht nicht Zufriedenheit. Das Glück verlangt nach Vereinigung, während die Zufriedenheit die Ablenkung sucht, die vom Vergessen lebt. Die unsterbliche Seele ist nie zufrieden. Sie strebt

nach Vollkommenheit, und die Vollkommenheit gibt es in der Unendlichkeit." Dann sagte mein Herz zum Sohn der Schönheit: „Zeig mir das Geheimnis der Frau, o Schönheit, und erhelle meinen Verstand mit deiner Erkenntnis!" Er erwiderte: „Die Frau ist wie du, menschliches Herz, und wie du warst, so war sie. Sie ist auch wie ich, und wo ich bin, da ist sie. Sie gleicht der Religion, bevor sie von Unwissenden entstellt wurde. Sie ist wie der Vollmond, wenn die Wolken ihn nicht verhüllen, und wie die Brise, bevor der Hauch der Verdorbenheit sie berührte."

Dann wandte sich mein Herz an die Weisheit, die Tochter der Liebe und der Schönheit, und bat: „Gib mir Weisheit, damit ich sie den Menschen bringe!" Sie antwortete: „Sag ihnen, dass das Glück im Allerheiligsten der Seele beginnt und nicht von außen kommt!"

Khalil Gibran

Glück ist das Resultat einer inneren Reifung.
Es hängt ganz alleine von uns selbst ab,
um den Preis einer geduldigen Arbeit,
die wir Tag für Tag verfolgen.
Wir selbst bauen unser Glück,
aber das bedarf einiger Mühe und Zeit.
Auf lange Sicht sind das Glück und das Unglück eine
Lebensweise oder eine Kunst des Lebens.

Matthieu Ricard

Ich danke meinem Gott,
dass er mir das Glück gegönnt hat,
ihn als Schlüssel zu unserer
wahren Glückseligkeit kennenzulernen.
Ich lege mich nie zu Bette, ohne zu bedenken,
dass ich vielleicht den anderen Tag
nicht mehr sein werde, und es wird doch
kein Mensch sagen können,
dass ich im Umgang mürrisch und traurig wäre.
Für diese Glückseligkeit danke ich
alle Tage meinem Schöpfer.

Wolfgang Amadeus Mozart

Das Brot des Glücks

Es lebte einmal ein alter und weiser König. Er hatte all die Jahre seines Lebens hindurch sein Volk mit Liebe und Weisheit regiert. Nun fühlte er, dass seine Zeit gekommen war, und er dachte voller Sorge an das, was nach seinem Tod mit seinem Volk und Land geschehen sollte. Da rief er seinen Sohn zu sich, den einzigen, und sprach zu ihm. „Mein Sohn, meine Tage sind gezählt! Geh du deshalb in die Welt hinaus und suche das Brot des Glücks, denn nur wenn du deinen Untertanen das Brot des Glücks geben kannst, werden sie satt werden, und du wirst ihnen ein guter König sein."

So ging der Prinz in die Welt hinaus und suchte das Brot des Glücks. Aber in welche Backstube er auch schaute, in welchem Laden er auch nachfragte, niemand kannte das Brot des Glücks. Der Prinz war verzweifelt. Niemand wusste vom Brot des Glücks, niemand hatte auf seine Frage eine Antwort. Als er in seiner Angst und Sorge dasaß, kam ein Kind des Weges und schaute ihn an: „Du hast Hunger", sprach es

und reichte ihm ein Stück Brot. „Da nimm, ich habe nicht mehr, aber mit dir will ich teilen." Der Prinz nahm das Brot, und sogleich verschwand seine Not, als sei sie nie dagewesen. „Das Brot des Glücks!", rief er. „Du hast das Brot des Glücks. Schnell, gib mir mehr davon! Wo hast du es her?" „Das ist das Brot, das meine Mutter heute morgen gebacken hat. Sie gab es mir, damit ich keinen Hunger zu leiden brauche. Du hattest Hunger, und so teilte ich mit dir." „Das ist alles?", fragte der Prinz. „Ist es kein besonderes Brot?" „Nein, es ist wie jedes andere Brot, aber weil es zwischen dir und mir geteilt wurde, ist es für dich das Brot des Glücks geworden." Da erkannte der Prinz, wo das Brot des Glücks für alle Zeit zu finden war. Er kehrte zu seinem Vater zurück und erzählte ihm, wie er das Brot des Glücks gefunden und wie es ihm geholfen hatte, mit seiner Verzweiflung fertig zu werden. Von da an wusste der Vater, dass der Prinz genau wie er selbst das Reich mit Liebe und Weisheit regieren würde alle Tage seines Lebens.

Sr. Aurelia Spendel OP

Die Wurzeln des Glücks befinden sich dort,
wo unser Herz eine Heimstatt gefunden hat.

Jakob Ternay

Das Glück besteht mehr in
einer allgemeinen Veranlagung
Des Geistes und des Herzens,
als in einer Vielzahl bestimmter
Glücklicher Augenblicke im Leben.
Es besteht mehr in der Fähigkeit,
diese glücklichen Augenblicke
aufzunehmen.

Charles de Montesquieu

Ich glaube, der Zweck unserer Existenz
ist Glücklichsein.

XIV. Dalai Lama

Glück
heißt noch lange nicht,
glücklich zu sein.
Glücklich ist nur,
wer zufrieden ist.
Zufrieden aber ist nur,
wer Dankbarkeit kennt.
Seine Freude in der Freude
des andern finden können –
das ist das Geheimnis
des Glücks.

Georges Bernanos

Der rechte Genuss

Gut ist der Reichtum, wenn keine Schuld an ihm klebt; schlimm ist die Armut, die aus Übermut entstand. Das Herz des Menschen verändert sein Gesicht und macht es heiter oder traurig. Zeichen des glücklichen Herzens ist ein frohes Gesicht; Sorgen und Kummer sind quälendes Grübeln.
... Wohl dem Menschen, der sich nicht selbst tadeln muss und dessen Hoffnung nicht aufhört. Einem Engherzigem steht Reichtum nicht an. Wozu braucht ein Geiziger Gold? Wer gegen sich selbst geizt, sammelt für einen anderen; in seinen Gütern wird ein Fremder schwelgen. Wer sich selbst nichts gönnt, wem kann der Gutes tun? Er wird seinem eigenen Glück nicht begegnen.

Jesus Sirach 13,24-14,5

Wir beurteilen das Glück zu sehr seinem Schein nach: Wir erblicken es da, wo es am wenigsten vorhanden ist, wir suchen es dort, wo es gar nicht sein kann.

Jean Jacques Rousseau

Wenn der Mensch nur danach streben würde, glücklich zu sein, so wäre dies nicht so schwierig, aber er strebt danach, glücklicher zu sein als andere, das aber ist fast immer schwierig, denn es scheint uns, dass andere glücklicher sind, als das in Wirklichkeit der Fall ist.

Charles de Montesquieu

Wer ständig glücklich sein möchte,
muss sich oft verändern.

Konfuzius

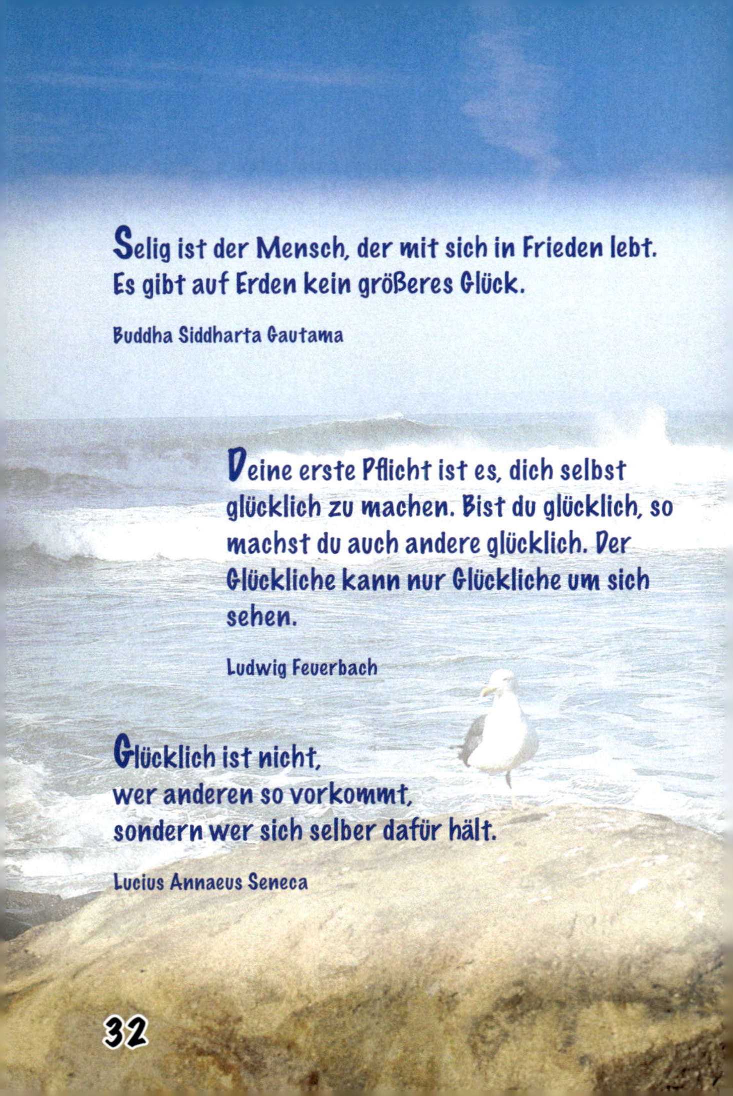

Selig ist der Mensch, der mit sich in Frieden lebt.
Es gibt auf Erden kein größeres Glück.

Buddha Siddharta Gautama

Deine erste Pflicht ist es, dich selbst glücklich zu machen. Bist du glücklich, so machst du auch andere glücklich. Der Glückliche kann nur Glückliche um sich sehen.

Ludwig Feuerbach

Glücklich ist nicht,
wer anderen so vorkommt,
sondern wer sich selber dafür hält.

Lucius Annaeus Seneca

Glückwünsche

1 daß du dir
(hie und da)
glückst

2 daß Glück
dich nicht blende
für Unglücke
anderer

3 daß Unglück
dich nicht verschlinge
für immer

4 daß dir
(ab und zu)
ein Glück für andere
glücke

5 daß dein Wunsch nicht sterbe
nach einer Welt,
wo viele (wo alle?)
sich glücken können

Kurt Marti

Ein erfahrener Mönch ward gefragt: „Viel beschäfitgt bist du, doch allzeit gesammelt. Was ist dein Geheimnis?“ Dieser antwortete: „Wenn ich stehe, dann stehe ich. Wenn ich gehe, dann gehe ich. Wenn ich sitze, dann sitze ich. Wenn ich esse, dann esse ich. Wenn ich spreche, dann spreche ich.“ Da fielen ihm die Fragesteller ins Wort und sagten: „Das Gleiche tun auch wir. Wie kommt es, dass du glücklich bist in all dem, wir aber nicht?“ Er antwortete: „Vielleicht ist dies der Grund: Wenn ihr steht, dann geht ihr schon. Wenn ihr geht, dann lauft ihr schon. Wenn ihr lauft, dann seid ihr schon am Ziel.“

Nach einer Zen-Überlieferung

Willst du eine Stunde glücklich sein,
so betrinke dich;
willst du drei Tage glücklich sein, so heirate;
willst du eine Woche glücklich sein,
dann schlachte ein Schwein;
willst du aber ein Leben lang glücklich sein,
dann werde ein Gärtner.

Aus China

Man muss in seinem Garten einen
verbotenen Baum haben.
Man muss in seinem Leben etwas
haben, das man nicht berühren darf.
Das ist das Geheimnis, wie man auf
immer jung und glücklich bleibt.

Gilbert Keith Chesterton

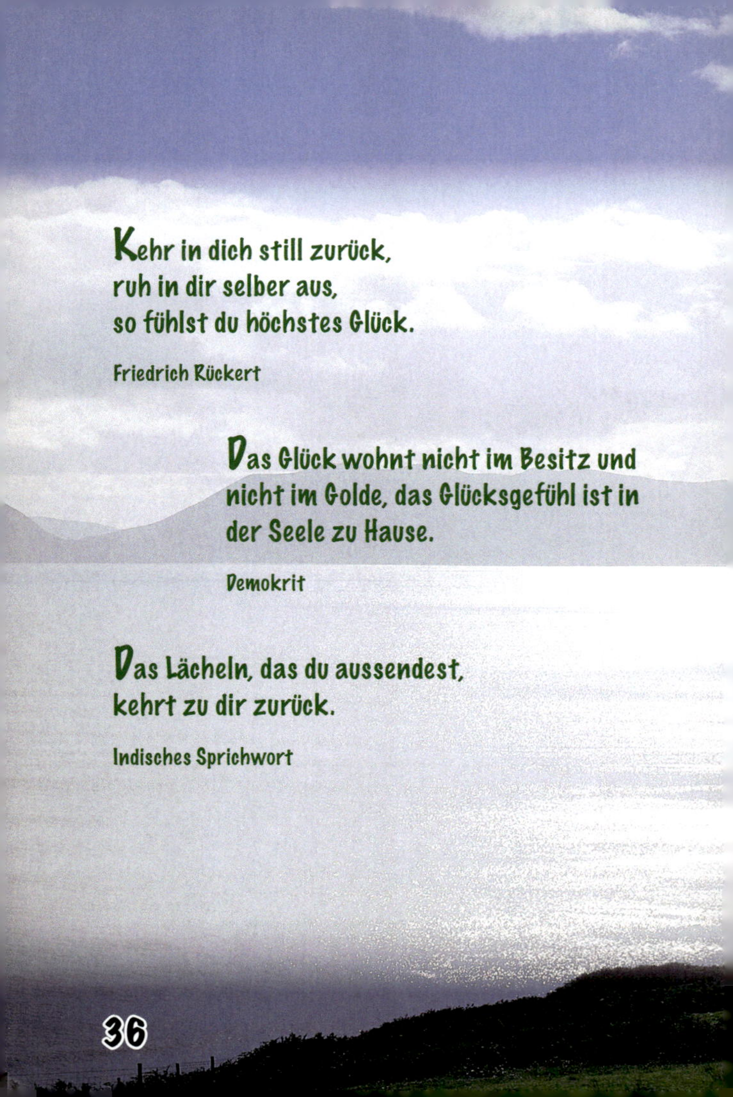

Kehr in dich still zurück,
ruh in dir selber aus,
so fühlst du höchstes Glück.

Friedrich Rückert

Das Glück wohnt nicht im Besitz und nicht im Golde, das Glücksgefühl ist in der Seele zu Hause.

Demokrit

Das Lächeln, das du aussendest,
kehrt zu dir zurück.

Indisches Sprichwort

Das Glück ist kein Selbstziel; ist das Resultat aus einem richtigen Leben. Wenn das Leben gut eingerichtet ist, gibt es auch Glück; das richtige Leben aber ist das gerechte Leben.

Alexander Eltschaninow

Jeder ist der Meister seines Schicksals, es ist an uns, die Ursachen des Glücks zu schaffen.
Das liegt in unserer eigenen Verantwortung und nicht in der irgendeines anderen.

XIV. Dalai Lama

Wenn ich das Glück umschreiben wollte,
würde ich vielleicht sagen,
es bestehe für den Schmied im Schmieden,
für den Seemann in der Seefahrt,
für den Reichen in der Mehrung
seines Reichtums – und so
hätte ich nichts gesagt, was dir
etwas Neues mitteilte.
Und im Übrigen bestünde das Glück
für den Reichen zuweilen in der Seefahrt,
für den Schmied in der Mehrung
seines Reichtums und für den
Seemann im Nichtstun.
Wenn du das Wort begreifen willst,
musst du es als Lohn und
nicht als Ziel verstehen,
denn sonst hat es
keine Bedeutung.

Antoine de Saint-Exupery

Nimm dir Zeit, freundlich zu sein,
es ist das Tor zum Glücklichsein.

Nimm dir Zeit zu träumen,
es ist der Weg zu den Sternen.

Nimm dir Zeit zu lieben,
es ist die wahre Lebensfreude.

Nimm dir Zeit, froh zu sein,
es ist die Musik der Seele.

Alter irischer Segen

Glücklich ist ein Leben,
wenn es seiner Natur entspricht.
Das aber kann nur erreicht werden,
wenn der Geist fürs Erste gesund ist
und beständig gesund bleibt;
sodann wenn er stark und kräftig ist,
edel und geduldig, in die Zeit sich schickend,
auf den Körper Bedacht habend
und auf dessen Bedürfnisse,
aber ohne Ängstlichkeit, ohne
zu großen Wert auf irgendetwas zu legen,
die Gaben des Glücks benützend,
aber ohne ihr Sklave zu sein.

Lucius Annaeus Seneca

Lasst uns dankbar sein
gegenüber Menschen,
die uns glücklich machen.
Sie sind die liebenswerten Gärtner,
die unsere Seele zum Blühen bringen.

Marcel Proust

Willkommen und Abschied

Es schlug mein Herz, geschwind zu Pferde!
Es war getan fast eh gedacht.
Der Abend wiegte schon die Erde,
Und an den Bergen hing die Nacht;
Schon stand im Nebelkleid die Eiche,
Ein aufgetürmter Riese, da,
Wo Finsternis aus dem Gesträuche
Mit hundert schwarzen Augen sah.

Der Mond von einem Wolkenhügel
Sah kläglich aus dem Duft hervor
Die Winde schwangen leise Flügel,
Umsausten schauerlich mein Ohr;
Die Nacht schuf tausend Ungeheuer,
Doch frisch und fröhlich war mein Mut:
In meinen Adern welches Feuer!
In meinem Herzen welche Glut!

Dich sah ich, und die milde Freude
Floß von dem süßen Blick auf mich;
Ganz war mein Herz an deiner Seite
Und jeder Atemzug für dich.
Ein rosafarbnes Frühlingswetter
Umgab das liebliche Gesicht,
Und Zärtlichkeit für mich – ihr Götter!
Ich hofft' es, ich verdient' es nicht!

Doch ach, schon mit der Morgensonne
Verengt der Abschied mir das Herz:
In deinen Küssen welche Wonne!
In deinem Auge welcher Schmerz.
Ich ging, du standst und sahst zur Erden
Und sahst mir nach mit nassem Blick:
Und doch, welch Glück, geliebt zu werden!
Und lieben, Götter, welch ein Glück!

Johann Wolfgang von Goethe

Wenn man den Zustand eines Menschen seiner Glücklichkeit nach abschätzen will, soll man nicht fragen nach dem, was ihn vergnügt, sondern nach dem, was ihn betrübt:
Denn je geringfügiger dieses, an sich selbst genommen, ist, desto glücklicher ist der Mensch.

Arthur Schopenhauer

Das Herz des Menschen sehnt sich nach Glück, nach einem guten, sinnvollen Leben, nach Liebe und der Möglichkeit, einem anderen Menschen sein Herz zu öffnen.

John O´Donohue

Wer wohlgemut leben will,
der darf nicht vielerlei treiben,
weder in eigener noch
in öffentlicher Sache.
Und was er auch treibt, darf seine
eigene Kraft und Begabung nicht übersteigen.
Er muss vielmehr
so scharf auf seiner Hut sein,
dass er sich selbst dann,
wenn das Glück über ihn kommt
und ihn allem Anschein nach
empor führen will,
nicht darum kümmert
und nichts anfasst,
was über seine Kräfte geht.
Denn rechtes Maß ist sicherer
als Übermaß.

Demokrit

Glück und Unglück

Eines Tages lief einem Bauern das einzige Pferd fort und kam nicht zurück. Da hatten die Nachbarn Mitleid mit dem Bauern und sagten: „Du Ärmster! Dein Pferd ist weggelaufen – welch ein Unglück!“ Der Landmann antwortete: „Wer sagt denn, dass dies ein Unglück ist?“ Und tatsächlich kehrte nach einigen Tagen das Pferd zurück und brachte ein Wildpferd mit.
Jetzt sagten die Nachbarn: „Erst läuft dir das Pferd weg – dann bringt es noch ein zweites mit! Was hast du für ein Glück.“ Der Bauer schüttelte den Kopf: „Wer weiß, ob das Glück bedeutet?“
Das Wildpferd wurde vom ältesten Sohn des Bauern eingeritten; dabei stürzte dieser und brach sich ein Bein. Die Nachbarn eilten herbei und sagten: „Welch ein Unglück!“ Aber der Landmann gab zur Antwort: „Wer will wissen, ob das ein Unglück ist?“

Kurz darauf kamen die Soldaten des Königs und zogen alle jungen Männer des Dorfes zum Kriegsdienst ein. Den ältesten Sohn des Bauern ließen sie zurück – mit seinem gebrochenen Bein. Da riefen die Nachbarn: „Welch ein Glück! Dein Sohn wurde nicht eingezogen!"
Glück und Unglück wohnen eng beisammen, wer weiß schon immer sofort, ob ein Unglück nicht doch ein Glück ist?

Am Glückstag erfreue dich deines Glücks, und am Unglückstag sieh ein: Auch diesen hat Gott geschaffen.

Koh 7,14

Wenn wir das wahre Glück finden wollen, verlangt das von uns, dass wir gleichzeitig unsere Sicht der Welt und unsere Art zu denken transformieren.

XIV. Dalai Lama

Bei Lichte besehen sind Ruhe und Glück überhaupt dasselbe.

Theodor Fontane

Wasser

Setz dich an einen Bach
und sei einfach da.
Das Lied des Wassers wird
deine Sorgen aufnehmen und
sie hinab zum Meer tragen.

Das Glück ist nicht etwas,
was wir schaffen,
sondern was uns geschieht:
ein Strom inneren Friedens.

Carl Hilty

Sieh die Menschen an,
wie sie nach Glück und
Vergnügen rennen!
Ihre Wünsche, ihre Mühe, ihr
Geldjagen rastlos und wonach?
Nach dem, was der Dichter
von der Natur erhalten hat,
nach dem Genuss der Welt,
nach dem Mitgefühl
seiner selbst in andern,
nach einem harmonischen
Zusammensein mit vielen oft
unvereinbaren Dingen.

Johann Wolfgang von Goethe

Das wahre und sichere Glück des Lebens liegt nicht außer uns, sondern in uns, nicht in den Goldkisten, nicht in dem Adelsbriefe, nicht in dem schäumenden Pokal, sondern im ruhigen, zur Freude rein gestimmten Herzen.

Johann Peter Hebel

Die meisten Menschen
machen das Glück zur Bedingung.
Aber das Glück findet sich nur ein,
wenn man keine Bedingungen stellt.

Arthur Rubinstein

Wie ein Schmetterling

„Das Glück ist ein Schmetterling“,
sagte der Meister.
„Jag ihm nach, und er entwischt dir.
Setz dich hin, und er lässt sich auf
deiner Schulter nieder.“
„Was soll ich also tun, um das
Glück zu erlangen?“
„Hör auf, hinter ihm her zu sein.“
„Aber gibt es nichts, was ich tun kann?“
„Du könntest versuchen,
dich ruhig hinzusetzen,
wenn du es wagst.“

Anthony de Mello

Des menschlichen Lebens letztes Ziel ist Glückseligkeit. Der Name Glückseligkeit meint die äußerste Vollendung der geistigen Natur. „Mensch auf dem Wege" heißt einer deswegen, weil er zur Glückseligkeit strebt; „Mensch am Ziel" aber heißt einer deswegen, weil er die Glückseligkeit schon erreicht hat.

Thomas von Aquin

Man muss GLÜCKLICH machen, um GLÜCK zu empfinden.

Maurice Maeterlinck

Glücksbringer

Von einem chassidischen Wunderrabbi ging die Sage, dass er jeden Morgen vor dem Frühgebet zum Himmel emporsteige. Ein Mann, der davon hörte, lachte darüber und legte sich auf die Lauer, um festzustellen, was der Rabbi im Morgengrauen trieb.
Da sah er: Der Rabbi verließ, als ukrainischer Holzknecht verkleidet, sein Haus und ging zum Wald. Der Mann folgte ihm von Weitem. Er sah den Rabbi einen Baum umhauen und in Stücke hacken. Dann lud sich der Rabbi das Holz auf den Rücken und schleppte es zu einer armen, kranken, einsamen Jüdin. Der Mann blickte durch das Fenster; drin kniete der Rabbi am Boden und heizte ein …
Als die Leute später den Mann fragten: „Nun, steigt der Rabbi wirklich zum Himmel?“, sagte der Mann still: „Sogar noch höher!“

Chassidische Legende

Glück entsteht oft durch Aufmerksamkeit in kleinen Dingen, Unglück oft durch die Vernachlässigung kleiner Dinge.

Wilhelm Busch

Menschen zu finden, die mit uns fühlen und empfinden, ist wohl das schönste Glück auf Erden.

Carl Spitteler

Glück ist ein Duft, den niemand verströmen kann, ohne selbst eine Brise abzubekommen.

Ralph Waldo Emerson

All jene, die unglücklich sind, sind es,
weil sie ihr eigenes Glück gesucht haben.
All jene, die glücklich sind, sind es,
weil sie das Glück anderer gesucht haben.

Shantideva

Sobald wir verstanden haben, dass das Geheimnis des Glücks nicht im Besitz liegt, sondern im Geben, werden wir, indem wir um uns her glücklich machen, selber glücklich werden.

Andre Gide

Welch ein Glück

Den reichen Vorrat so vieler guter Erinnerungen dankbar im Herzen zu tragen und zu bewahren.

Die wunderbaren Schätze aus der eigenen Lebenserfahrung zu sehen und beim Namen zu nennen.

Die Geschichten zu erzählen, wie sie das Leben geschrieben hat, nahezu unglaublich und doch wahr.

Das eigenartige Wechselspiel aller möglichen Gegensätze schon so oft erlebt zu haben.

Die bunte Schar von Menschen, die mir im Laufe meines Lebens begegnet sind, achtsam zu würdigen.

Die Zeichen und Geschenke des Himmels, vom Regenbogen bis zu den Blumen, hoch zu schätzen.

In Kindern und Alten zu entdecken, was mir so vertraut oder fremd ist, mich erschüttert oder erstaunt.

Paul Weismantel

Es gibt zwei Wege, um glücklich zu sein:
Wir verringern unsere Wünsche
oder vergrößern unsere Mittel.
Wenn du weise bist,
wirst du beides gleichzeitig tun.

Benjamin Franklin

Dankbarkeit für die Vergangenheit,
Freude an der Gegenwart und Hoffnung
für die Zukunft und das im selben
Augenblick!
Man ist der glücklichste Mensch der
Welt!

Verfasser unbekannt

Einen glücklichen Menschen zu finden,
ist besser als eine Fünfpfundnote.
Er ist der Innbegriff strahlender Freundlichkeit,
und wenn er den Raum betritt, so scheint es,
als wäre eine Kerze angezündet worden.

Robert Louis Stevenson

In uns selbst
liegen die Sterne des Glücks.

Heinrich Heine

Ist das nicht Glückseligkeit?

Auch unser irdisches Leben hat seinen Reiz wegen einer ganz eigenartigen Schönheit und wegen seiner Harmonie mit all dem Schönen auf Erden. Auch die Freundschaft unter Menschen mit ihrem Liebesband ist süß, da sie die Herzen eint.
Ist es nicht Glückseligkeit, Söhne zu haben ohne Tadel, schmucke Töchter, strotzendes Vieh, keinen Riss in der Wand, kein Loch in der Hecke; nicht Aufruhr und Lärm auf den Straßen, sondern Ruhe, Friede, Überfluss, die Fülle der Dinge in den Häusern, in den Städten?
Ist das nicht Glückseligkeit? Müssen wir davor fliehen? Nein!

Aurelius Augustinus.

Das Glück deines Lebens
hängt von der Beschaffenheit
deiner Gedanken ab.

Marc Aurel

Sei es nun schrecklich oder nicht,
schwierig oder nicht –
alles, was es an Schönem, Edlem,
Religiösem, Mystischem gibt,
das ist, glücklich zu sein.

Arnaud Desjardius

Wenn uns eine Empfindung der Stagnation und Verwirrung überfallt, dann ist es das Beste, noch einen Schritt zurückzutreten, sich die Zeit zum Überlegen zu gönnen und sich den Zweck des Ganzen vor Augen zu führen: Was wird uns wirklich Glück bringen? Dann kann man seine Prioritäten auf dieser Grundlage neu formulieren.

XIV. Dalai Lama

Auf der Suche nach Glück

Rabbi Chajim von Zans pflegte zu sagen, dass die meisten Menschen hin- und hereilen, immer im Kreis herum, auf der Suche nach dem Glück und der Jagd nach Reichtum, und enttäuscht sind, wenn sie weder das eine noch das andere finden. „Vielleicht wäre es besser, wenn sie einmal einhielten und dem Glück erlaubten, sie dort zu finden, wo sie sind.«

Aus dem Chassidismus

Jage nicht nur dem großen Glück nach,
das du am Horizont zu erblicken glaubst.
Du übersiehst sonst das kleine Glück,
das dir zu Füßen liegt.

Udo Hahn

Bei Außenminister Talleyrand meldete sich ein junger Mann und bemühte sich um einen Posten im diplomatischen Dienst ... Er verfügte über eine starke Protektion und machte selbst den besten Eindruck; also versprach ihm der Minister sofort den Posten. Der junge Mann begann ihn darauf seiner Dankbarkeit zu versichern: „Dieser Posten“ – sagte er – „ist für mich um so wichtiger, als ich bisher immer Pech hatte, immer unglücklich war.“ Talleyrand aber unterbrach ihn: „In diesem Fall nehme ich mein Versprechen zurück, Posten für Unglückliche habe ich nicht.“

Wladyslaw Tatarkiewicz

Das Vergleichen ist das Ende des Glücks – und der Anfang der Unzufriedenheit.“

Søren Kierkegaard

Ich habe Menschen gekannt, denen
ihr Glück ihr Gott war.
Sie glaubten an ein Glück und
der Glaube gab ihnen Mut.
Mut gab ihnen Glück und Glück Mut.
Es ist ein großer Verlust für den Menschen,
wenn er die Überzeugung von einem
weisen die Welt lenkenden Wesen verloren hat.

Georg Christoph Lichtenberg

Glück empfindest du in jedem Augenblick,
in dem dir für diesen Augenblick
nichts fehlt.
Und so kann es ein Glas Wasser sein
oder der Moment einer Begegnung,
die dich den ganzen Himmel spüren lässt

Liz C. Miller

Ein glückliches Leben ist weder ausschließlich abhängig von einem glücklichen Schicksal noch überhaupt von äußeren Bedingungen, sondern auch und sogar noch stärker von der inneren Verfassung des Menschen.

Demokrit

Es ist wichtig, dass Sie sich
dessen bewusst werden, wie viel
von Ihrem eigenen Glück mit dem Glück
anderer zu tun hat.
Es gibt kein individuelles Glück,
das von dem anderer ganz
unabhängig wäre.

XIV. Dalai Lama

Dein Glück

Der dich mit Glück erfüllt,
mit Liebe umfängt,
der dich trägt und nicht fallen lässt,
Der segne dich.

Dass du Glück hast auch im Unglück,
dass auf allen deinen Wegen
dir die richtigen Richtungen glücken
und du seine Nähe nicht verlierst:
Gott segne dich.

Dass seine Hilfe dich hält
und er mit seiner Güte
dich behütet Tage und Nächte:
Für dich ein Glück.

Dass du deine Umgebung mit Glück
ansteckst, mit deiner Kraft erfüllst
und sie verschenkst mit vollen Händen:
Dein Leben wird dir glücken.

Dass du ein Glück wirst
für Menschen in Angst und Not
und Gott an deiner Seite lebt –
Zum Glück für Himmel und Erde.

Dass Glück dein Leben befruchte
in der Zeit der Reife,
auf den Ebenen der Weite,
ohne Furcht und Zittern,
dazu segne dich Gott,
der Schöpfer Himmels und der Erde.

Uwe Seidel

Des Lebens Kunst
ist leicht zu lernen und zu lehren.
Du musst vom Schicksal nie zu viel begehren.
Der, welchem ein bescheidenes Los genügt,
hat einen Schatz, der nie versiegt.
Dem Unersättlichen in jeglichem Genuss
wird selbst das Glück zum Überdruss.

Ludwig Bechstein

Die Kunst des Glücklichseins
beherrschen nur wenige.
Eine rechte Einstellung zum Leben
verlangt doch nur, sich selbst
mit allen großen und kleinen
Unzulänglichkeiten zu mögen
und auch die anderen so anzunehmen,
wie sie sind.
So einfach ist das – und so wahr.

Verfasser unbekannt

O frag mich nicht, was ist denn Glück?
Sieh vorwärts nicht, noch sieh zurück!

O such es nicht weit in der Ferne,
auf diesem oder jenem Sterne!

O such's nicht dort und such's
nicht hier! Es wohnet nur in dir.

Und wenn du's da nicht finden magst,
umsonst ist, dass du weinst und klagst,
umsonst dein Sehnen, dein Verlangen,
umsonst dein Hoffen und dein Bangen!

O frag mich nicht, das Glück sind wir,
das Glück wohnt nur in dir.

August Heinrich Hoffmann von Fallersleben

**Das Glück hängt nicht davon ab,
wie viel wir haben,
sondern wie viel Freude
wir daran haben**

Verfasser unbekannt

Lasten loslassen

Im letzten Sommer lernte ich Frank, einen jungen Hubschrauberpiloten kennen. Er lud mich ein zu einem kurzen Flug, und wir kamen schnell ins Gespräch. Sein Beruf schloss viele Gefahren in sich. Bei jedem Wetter musste er zum Einsatz fliegen, oft waren es Notfälle, zu denen er gerufen wurde. Schon beim Erzählen wurde es mir ganz ungemütlich. Nach einem anstrengenden Arbeitstag brachte ich Frank dann einmal mit meinem Auto nach Hause. Schweigend und erschöpft saß er neben mir. Als wir ankamen, lud er mich ein, seine Familie zu begrüßen. Auf dem schmalen Kiesweg durch den Vorgarten wandte er sich kurz einem kleinen, schön gewachsenen Magnolienbaum zu, berührte mit den Händen leicht die Zweige und führte mich dann zur Haustür. Wir betraten das Haus, und die ganze Gestalt meines Begleiters machte eine erstaunliche Umwand-

lung durch: Er lächelte, begrüßte seine Frau, hob das jüngste seiner drei kleinen Kinder auf den Arm, während seine Hand über die Blondschöpfe fuhr. Später, als er mich zurück zu meinem Auto begleitete, konnte ich meine Neugierde nicht länger zurückhalten. »Der kleine Baum?«
Er antwortete lächelnd: »Ich nenne ihn gern meinen Lastbaum. Sie wissen, Lasten und Ängste gehören zu meiner Arbeit. Damit ich am Abend ganz für meine Familie da sein kann, lasse ich meine Lasten jeden Abend, wenn ich heimkomme, auf diesem Baum zurück. Und es ist eigenartig, wenn ich morgens wiederkomme, um alles abzuholen, dann finde ich viel weniger, als ich am Abend dort zurückließ.«

Nicht unsere Stimmungen prägen unsere Gedanken: unsere Gedanken entscheiden über unsere Stimmungen.

Aron T. Beck

Das Bewusstsein, in seiner Selbstprüfung aufrichtig zu sein, ist die größte aller Formen des Glücks.

Meng Dse

Glück ist es, wenn sich das, was du denkst, sagst und tust, in Harmonie befindet.

Mahatma Gandhi

Glück ist etwas, was man geben kann, ohne es zu haben.

Ricarda Huch

Glücklich ist nur, wer glücklich macht.

Sprichwort

Strahlende Augen erblicken eine strahlende Welt.

Charles Tschopp

Ums Jahr 280 lief durch Ägypten, nilauf, nilab, ein sensationelles Gerücht. Draußen in der Wüste, hieß es, hinter Theben, da sitze einer ganz allein. Und es fehle ihm nichts. Im Gegenteil. Er sei ganz alleine wunschlos glücklich. Antonius der Einsiedler! Kaum hatte diese Nachricht sich wie ein Lauffeuer verbreitet, so setzte sich aus Theben eine erste Karawane in Bewegung. Dann eine zweite Karawane. Und dann Karawanen ohne Zahl. Als wolle ganz Ägypten diese Sensation gesehen haben: einen Menschen, der die Fähigkeit besitzt, ganz allein glücklich zu sein.
Dann kamen Neugierige aus Athen. Touristen kamen aus dem fernen Rom. Etwa 9000 Men-

Glück ist allein der innere Frieden.
Lerne ihn finden.

Buddha Siddhartha Gautama

schen, so berichtet Evagrius, umlagerten ständig die Einsiedelei des heiligen Antonius, um mit eigenen Augen zu erleben, wie einer glücklich sein kann ganz allein.
Von zahlreichen Jüngern hingebungsvoll umsorgt, ist Antonius der Einsiedler im biblischen Alter von 105 Jahren gestorben. Schon zu Lebzeiten wurde er als Heiliger verehrt. Dabei hat sein eigentliches Geheimnis mit Religion wenig zu tun. Es gilt für jeden Menschen: Willst du viele Freunde haben, so lerne erst, allein zu sein.

Hans Conrad Zander

Das Glück ist ein Zustand der Ruhe,
der weder Vergnügen noch
Schmerzen hervorbringt.

Gaston de Levis

Beginnen wir damit, dass wir ein Verständnis für die wahren Quellen des Glücks entwickeln, damit diese hinfort als Fundament für die Prioritäten unseres Lebens dienen können.

XIV. Dalai Lama

Das Glück ist das Hauptziel
unserer Bestrebungen, was auch immer
der Name sein mag, den wir ihm geben –
Erfüllung, tiefe Befriedigung, Gelassenheit,
Erfolg, Weisheit Glückseligkeit, Lebensfreude
oder innerer Frieden -, und wie auch immer
wir danach suchen – durch Kreativität,
Gerechtigkeit, Altruismus, enthusiastische
Bemühung, Verwirklichung eines Projekts oder
eines Werkes.

Matthieu Ricard

Eines Morgens erwachte ich

Eines Morgens erwachte ich, ein lebhafter Knabe von vielleicht zehn Jahren, mit einem ganz ungewöhnlich holden und tiefen Gefühl von Freude und Wohlsein, das mich wie eine innere Sonne durchstrahlte, so als sei jetzt eben, in diesem Augenblick des Erwachens aus einem guten Knabenschlaf, etwas Neues und Wunderbares geschehen, als sei meine ganze klein-große Knabenwelt in einen neuen und höhern Zustand, in ein neues Licht und Klima eingetreten, als habe das ganze schöne Leben erst jetzt, an diesem frühen Morgen, seinen vollen Wert und Sinn bekommen.

Ich wußte nichts von gestern noch von morgen, ich war von einem glückhaften Heute umfangen und sanft umspült. Es tat wohl und wurde von Sinnen und Seele ohne Neugierde und

ohne Rechenschaft gekostet, es durchrann mich und schmeckte herrlich. Es bestand aus nichts, dieses Glück, als aus dem Zusammenklang der paar Dinge um mich her mit meinem eigenen Sein, aus einem wunschlosen Wohlsein, das nach keiner Änderung, keiner Steigerung verlangte.

Herrmann Hesse

Aber selig ist der Mensch,
der mit sich selbst in Frieden ist,
und unter allen Umständen frei
und unerschrocken auf und um
sich sehen kann!
Es gibt auf Erden kein größeres Glück.

Matthias Claudius

Halte das Glück wie einen Vogel,
so leise und lose wie möglich!
Dünkt er sich selbst nur frei,
bleibt er dir gern in der Hand.

Friedrich Hebbel

Ein glücklicher Mensch
verliebt sich nicht in eigene Probleme.
Er tut selbst etwas und erwartet nicht alles von
anderen. Er denkt nicht, Glück sei wie das große
Los in der Lotterie, sondern er weiß:
Glück ist wie ein Schatten, der dir folgt, wenn du
nicht daran denkst;
es ist wie ein Echo, das antwortet auf die Gabe
deiner selbst.

Phil Bosmans

Wie glücklich würde mancher leben,
wenn er sich um anderer Leute Sachen
so wenig bekümmerte,
als um seine eigenen.

Georg Christoph Lichtenberg

Es gibt nur einen Weg zum Glück,
das halte dir früh, mittags und abends
vor die Augen: Nimm Abstand von dem,
worüber du nicht verfügen kannst,
und halte das nicht für dein Eigentum,
überlass alles deinem Schutzgeist, dem Glücke.

Epiktet

Die Stimmung des Gemüts hängt vom Temperamente sowie von Gesundheit und von innern und äußern Verhältnissen ab. Echte muntre Laune aber pflegt ansteckend zu sein, und diese Epidemie hat etwas so Wohltätiges; es ist ein so wahres Seelenglück, einmal alle Sorgen und Plagen dieser Welt weglachen zu dürfen, dass ich irgend anrate ... wenigstens ein paar Stunden in der Woche auf diese Weise der gesitteten Fröhlichkeit zu widmen.

Adolph Freiherr von Knigge

Ruhe ist Glück – wenn sie ein Ausruhen ist, wenn wir sie gewählt, wenn wir sie gefunden, nachdem wir sie gesucht.

Ludwig Börne

Die Menschen kommen durch nichts den Göttern so nahe wie dadurch, dass sie andere Menschen glücklich machen.

Cicero

Das Glück ist ein Zustand der Ruhe.

Gaston de Levis

Es wird kein Friede, keine Ruhe, keine Freude für die Menschheit geben, wenn wir nicht zurückfinden zu den ewigen, unverfänglichen Gütern, auf denen allein das Glück der Menschen aufgerichtet werden kann. Schrankenlose, hemmungslose Ichsucht, Sucht nach Betrieb und Genuss bringen kein Glück. Verinnerlichung, Besinnung auf sich selbst, Arbeit und Sorge für andere und für das Gemeinsame, das ist, was uns nottut und was uns glücklich macht.

Konrad Adenauer

Das Gedicht vom Korb mit den wunderbaren Sachen

Es war einmal ein Mann, der hatte eine prachtvolle Rinderherde. Alle Tiere trugen ein schwarzes Fell mit weißen Flecken. Der Mann liebte seine Kühe und führte sie immer auf die besten Weiden. Wenn er abends die Kühe beobachtete, wie sie zufrieden waren und wiederkauten, dachte er: „Morgen früh werden sie viel Milch geben!" Eines Morgens jedoch, als er seine Kühe melken wollte, waren die Euter schlaff und leer. Er glaubte, es habe an Futter gefehlt, und führte seine Herde am nächsten Tag auf noch saftigeren Weidegrund. Er sah, wie sie sich satt fraßen und zufrieden waren, aber am nächsten Morgen hingen die Euter wieder schlaff und leer. Da trieb er die Kühe zum dritten Mal auf eine neue Weide, doch auch diesmal gaben die Kühe keine Milch. Eines Nachts legte er sich auf die Lauer und beobachtete das Vieh. Als um Mitternacht der Mond weiß am Himmel stand, sah er, wie sich eine goldene Leiter von den Sternen heruntersenkte. Auf ihr schwebten sanft und engelgleich junge Frauen aus dem Himmelsvolk herab. Sie waren wunderschön und fröhlich, lachten einander leise zu und gingen zu den Kühen, um sie leer zu melken. Da sprang der Mann auf und wollte sie fangen, aber sie flohen auseinander und eilten zum Himmel hinauf. Eine aber, die Allerschönste, konnte er festhalten. Er behielt sie bei sich und machte sie zu seiner Frau. Täglich ging nun seine Frau auf die Felder und arbeitete für ihn, während er das Vieh hütete. Sie waren glücklich und die gemeinsame Arbeit machte sie zufrieden, und es mangelte ihnen nichts. Eines aber quälte den Mann: Als er seine Frau eingefangen hatte, trug sie einen Korb bei sich. „Niemals darfst du da hineinschauen", hatte sie ihn ermahnt. „Wenn du es dennoch tust, wird uns beide großes Unglück treffen." Viele Jahre verstrichen, und der Mann vergaß sein Versprechen. Als er einmal alleine zu Hause war, sah er den Korb im Dunklen stehen. Er dachte, vielleicht sind hier Goldstücke drin, Silber oder gar Edelsteine. Er zog das Tuch, das über den Korb gespannt war, ab und brach in lautes Lachen aus. Als seine Frau heimkehrte, wusste sie sofort, was geschehen war. Sie schaute ihn an und sagte weinend: „Du hast in den Korb geschaut!“ Der Mann aber lachte nur und sagte: „Du dummes Weib, was soll das Geheimnis um diesen Korb? Da ist ja gar nichts drin!“ Aber noch während er dies sagte, wendete sie sich von ihm ab und sagte: „Dass du dein Versprechen gebrochen hast, das möge ich dir noch verzeihen. Ich gehe von dir weg, weil du für die schönen Dinge, die ich vom Himmel für uns mitgebracht habe – Liebe, Freude, Zufriedenheit und ein glückliches Herz – nicht dankbar warst und darüber noch gelacht hast.“ Danach entschwand sie in den Sonnenuntergang und wurde auf Erden nie mehr gesehen.

Afrikanisches Märchen

Je bescheidener das Glück,
umso tiefer und wahrer.

Adolph Kolping

Glück

Solang du nach dem Glücke jagst,
Bist du nicht reif zum Glücklichsein
Und wäre alles Liebste dein.

Solange du nach Verlorenem klagst
Und Ziele hast und rastlos bist,
Weißt du noch nicht, was Friede ist.

Erst wenn du jedem Wunsch entsagst,
Nicht Ziele mehr, noch Begehren kennst,
Das Glück nicht mehr mit Namen nennst,

Dann reicht dir des Geschehens Flut
Nicht mehr ans Herz – und deine Seele ruht.

Herman Hesse

Wölbt sich der Himmel nicht da droben?
Liegt die Erde nicht hier unten fest?
Und steigen freundlich blickend
Ewige Sterne nicht herauf?

Schau ich nicht Aug in Auge dir,
Und hängt nicht alles
Nach Haupt und Herzen dir,
Und webt in ewigem Geheimnis
Unsichtbar sichtbar neben dir?

Erfüll davon dein Herz, so groß es ist.
Und wenn du ganz in dem Gefühle selig bist,
Nenn es dann, wie du willst,
Nenn's Glück! Herz! Liebe! Gott!

Ich habe keinen Namen
Dafür! Gefühl ist alles;
Name ist Schall und Rauch,
Umnebelnd Himmelsglut.

Johann Wolfgang von Goethe, Faust I

Die Dinge, die uns mit großer Freude
erfüllen, sind zumeist geschenkt,
die Freude, aber auch Hoffnung
und Vertrauen, Geborgenheit und Liebe.
Das Leben selbst, wir finden es vor.
Wenn andere uns lieben,
Vertrauen schenken, uns gut sind,
trotz unserer Eigenarten und Schwächen,
dann müssen wir ehrlich gestehen:
Das alles ist nicht unser eigenes Verdienst,
sondern eine Gabe, wenn wir so wollen:
ein Geschenk des Himmels.

Leo Nowak

Es macht den Wert und das Glück des Lebens aus, in etwas Größerem aufzugehen, als man selbst ist.

Pierre Teilhard de Chardin

Die Welt ist voll von Leuten, die das große Glück suchen und dabei die Zufriedenheit völlig übersehen.

Doug Larson

O Menschenherz, was ist dein Glück?
Ein rätselhaft geborener und kaum gegrüßt,
verlorener, unwiederholter Augenblick.

Nikolaus Lenau

„Ja" oder „Danke" geben dem Gegenteil unseres Egoismus Ausdruck. Wir werden die Auslöschung des Ego nur durch das Glück der Dankbarkeit erreichen.

Arnaud Desjardins

Wo war, wo ist, wo wird sein,
die Stunde, wahrem Glück erlesen?
Sie ist nicht und sie wird nicht sein,
denn sie ist imme nur gewesen!
Dass wir glücklich waren,
wissen wir erst,
wenn wir es nimmer sind.

Anastasius Grün

Noch glücklicher?

Theodor Fontane sagt: „Wenn man glücklich ist, soll man nicht noch glücklicher sein wollen.“ Es gehört wohl zum Menschen, immer mehr haben und erreichen zu wollen als er hat. Doch schnell kann man damit auch über das Ziel hinausschießen. Heißt es nicht so schön: weniger ist mehr. Was hindert uns daran, unser Glück einfach nur zu genießen, es mit der Ruhe unseres Herzens auszukosten und es nicht durch die Hektik des Alltags und ständiger innerer Unruhe zu zerstören. Wer wirklich glücklich ist, kreist nicht nur permanent um seine eigenen Probleme. Er erwartet nicht, dass andere ihn auffangen. Er ist selbst aktiv und findet immer eine positive Ausrichtung seiner Lebenssituation. Der wirklich glückliche Mensch weiß, dass es auch nach schwierigen Tagen wieder gute Tage geben wird. Das macht seine Stärke aus: sich in Gottes Hand geborgen zu wissen, mutig und voller Zuversicht den nächsten Tag zu erwarten, voller Dankbarkeit zu sein, ein sehendes Herz zu haben, das auch kleine Zeichen wahrnimmt und sich daran erfreut. Und nicht zu vergessen: Diese Lebensfreude kann ansteckend sein – unter dem Gesichtspunkt sollte man vielleicht doch immer glücklicher sein wollen.

Alle Gelegenheit,
glücklich zu werden, hilft nichts,
wer den Verstand nicht
hat, sie zu benutzen.

Johann Peter Hebel

Der Mensch ist unglücklich, weil er nicht weiß, dass er glücklich ist. Nur deshalb. Das ist alles. Wer das erkennt, der wird glücklich sein, sofort, im selben Augenblick.

Fjodor Michailowitsch Dostojewski

Das Bewusstsein eines wohlverbrachten Lebens und die Erinnerung vieler guter Taten sind das größte Glück auf Erden.

Cicero

Nur wenn wir aufhören, das Glück anderswo zu suchen, haben wir die Chance, ihm zu begegnen.

Ernestine Krummbiegel

Das Glück besteht nicht darin,
dass du tun kannst, was du willst,
sondern darin, dass du immer willst,
was du tust.

Lew Nikolajewitsch Tolstoi

Wer sein Glück nicht in sich selber
finden kann, wird es unnötigerweise
anderswo suchen.

Liselotte von der Pfalz

Die Gaben der Natur und des Glücks sind nicht so selten wie die Kunst, sie zu genießen.

Luc de Vauvenargues

Ein Strafgefangener in einem sibirischen Konzentrationslager wurde um vier Uhr morgens geweckt und erhielt ein Stück Brot als Ration für den ganzen Tag. So gerne er dieses Stück Brot auf einmal gegessen hätte, sagte er sich: „Besser, ich hebe mir einen Teil auf, vielleicht brauche ich es heute Nacht, wenn ich vor Hunger nicht schlafen kann. Wenn ich dann etwas zu essen habe, werde ich vielleicht wieder einschlafen können." Nach einem langen Tag harter Arbeit streckte er sich müde auf seinem Lager aus, zog die Decke über sich, die ihn kaum wärmte, und sprach zu sich:

*Das ist groß und schön,
von Kleinem
glücklich zu werden.*

Jeremias Gotthelf

„Heute war ein guter Tag. Ich musste nicht im eisigen Nordostwind arbeiten. Und wenn mich heute nacht der Hunger weckt, kann ich ein Stückchen Brot essen und weiterschlafen."
Kannst du dir die Freude und das Glück dieses Mannes vorstellen?
Freude findet man nicht in Äußerlichkeiten.
Lös dich von dieser irrigen Ansicht, sonst findest du die Freude nie.

Anthony de Mello

**Deine erste Pflicht ist,
dich selbst glücklich zu machen.**

Ludwig Feuerbach

**Das Glück und nicht die Sorge
bändigt die Gefahr.**

Johann Wolfgang von Goethe

Was kann man denn auch tun, wenn man dreißig ist, in seine eigene Straße einbiegt und plötzlich von einem Gefühl des Glücks überwältigt wird – reinen Glücks! –, als hätte man mit einem Mal ein strahlendes Stück dieser Spätnachmittagssonne verschluckt, und nun brennt es einem in der Brust, und winzige Funkenregen stieben durch den ganzen Körper, in jeden Finger und jede Zehe ...

Katherine Mansfield

Wenn ich mit intellektuellen Freunden spreche, festigt sich in mir die Überzeugung, vollkommenes Glück sei ein unerreichbarer Wunschtraum. Spreche ich dagegen mit meinem Gärtner, bin ich vom Gegenteil überzeugt.

Bertrand Russell

Heute ist der Tag, um glücklich zu sein! Kein anderer Tag ist dir gegeben als der Tag von heute, um zu leben, um fröhlich und zufrieden zu sein. Wenn du heute nicht lebst, hast du den Tag verloren.

Verdüstere deinen Geist nicht mit Angst und Sorgen von morgen. Beschwere dein Herz nicht mit deinem ganzen Elend von gestern.
Lebe heute!

An das Gute von gestern magst du getrost denken. Träume auch von den schönen Dingen, die morgen kommen mögen. Aber verliere dich nicht ins Gestern oder ins Morgen.

Gestern: schon vorbei. Morgen: kommt erst noch. Heute: der einzige Tag, den du in der Hand hast. Mach daraus deinen besten Tag!

Phil Bosmans

Erwartungen an das Leben

Unsere Wünsche haben sehr viel mit unseren Erwartungen an das Leben zu tun. Der Glücksforscher und Psychologie-Professor Martin Seligmann, der unter anderem durch Buchtitel wie „Pessimisten küsst man nicht“ auf sich aufmerksam machte, hat herausgefunden, dass Glück und Lebensfreude stark von einer optimistischen Erwartungshaltung dem Leben gegenüber abhängen. Seligmann vertritt die Meinung, dass wir selbst sehr viel zu unserem Glück beitragen können, indem wir zum einen „Optimismus lernen“, zum anderen aber uns bewusst dafür entscheiden, glücklich sein zu wollen. Können wir das überhaupt: bewusst glücklich sein wollen? Spielt unsere bewusste Entscheidung für das Glück tatsächlich die entscheidende Rolle in unserem Leben?

Es ist nichts Intelligentes daran,
nicht glücklich zu sein.

Arnaud Desjardins

Im Meer der Seele
liegt die Insel
Glückseligkeit.

Anke Maggauer-Kirsche

Geschäftiger Müßiggang treibt uns umher,
und wir jagen über Land und Meer dem Glück nach,
aber es ruht im Gleichgewicht der Seele.

Horaz

Das Glück kommt zu denen, die es
erwarten, nur müssen sie die Türen
offen halten.

Thomas Mann

Beginnen Sie innerlich die folgenden Sätze,
die Sie an sich selbst richten, zu rezitieren.
Ohne Liebe zu sich selbst kann man
andere nicht lieben.
Möge ich von Güte erfüllt sein.
Möge ich gesund sein.
Möge ich friedlich und entspannt sein.
Möge ich glücklich sein.

Jack Kornfield

Der Mensch sucht das Glück wie
der Betrunkene sein Haus:
Sie können es nicht finden,
aber sie wissen, dass es existiert.

Voltaire

Das Glück

Es sitzt sich weich auf unserm Sofa. Gemütlichkeit im ganzen Haus. Geschmackvoll wählten wir die Bilder zur Farbe der Gardinen aus.

Wir schließen nachts die Jalousien, hab’n neue Schlösser in der Tür. Das Glück soll sich doch sicher fühlen als Dauermieter, dachten wir.

Da hat’s das Bündel schon geschnürt. Ich glaub’, es wohnt nicht gern möbliert und scheint die Sicherheit zu meiden. Versprechen, die vergißt es prompt, und daß es niemals pünktlich kommt, kann ich nicht leiden.

Ich hab’ es tief als Kind geatmet im Kirschenbaum zur Blütezeit. Da warf s mir seine Glückshaut über grad wie ein Sternentalerkleid.

Ich traf es unter jungen Leuten, wir feierten bei Kerzenschein. Es war spontan, verrückt, bescheiden und machte aus dem Wasser Wein.

Dann ging es fort und kam nicht mehr. Ich hechelte ihm hinterher. Doch ich war nie sehr gut im Rennen. Einmal kam's ungeheuer groß, es trug ein Baby auf dem Schoß. Da schossen uns vor Glück die Tränen.

Ich fand es mal beim Muschelsuchen. Da gab's mir sein Geheimnis preis: „Du rennst mir nach, willst mich erzwingen. Halt inne, schau und sei ganz leis.

Dann wirst du staunend mich entdecken. Dann hörst du meinen Glücksgesang. Und ich kann dir aus vielen Blicken entgegenschaun dein Leben lang.

Ich bin im Brotgeruch versteckt, und wenn dich deine Liebste neckt im Dunkeln, dann hörst du mich lachen. Ich warte auf dich jetzt und hier, und wenn du singst, bin ich bei dir, dich froh zu machen!"

Gerhard Schöne

Wer glücklich ist, kann
glücklich machen; wer's tut,
vermehrt sein eigenes Glück.

Johann Wilhelm Ludwig Gleim

Glück ist dort, wo man Glück schenkt.

Jeremias Gotthelf

Fortuna lächelt, doch sie mag
nur ungern voll beglücken:
Schenkt sie uns einen Sommertag,
schenkt sie uns auch Mücken.

Wilhelm Busch

Ein Mensch sieht durch die Zeit zurück,
und sieh: Sein Unglück war sein Glück.

Eugen Roth

Ich habe mich entschieden, glücklich zu
sein. Das ist besser für die Gesundheit.

Voltaire

Der Geist kann Freude gedeihen lassen oder sie unterdrücken. Er kann sich wandeln und Gesundheit und Glück möglich machen. Aber: der Geist, das sind wir selbst.
Wir selbst also entscheiden, ob wir in der Trauer steckenbleiben oder an ihr reifen und voranschreiten.
Gerade Trauernde erwarten ständig Glück, damit es ihnen besser gehe. Glück aber hat auch mit Mut und unseren Möglichkeiten zu tun. Hoffnungsvoller, in positiverer Stimmung durch das Leben zu gehen – dazu setzen wir gezielt unsere geistigen Mittel ein.
Durch die Blockierung der Fähigkeit zur Freude bleibt auch das Glück vor der Tür. Es ist wichtig, im Hier und Jetzt zu leben; das bedeutet, die Wahrnehmung nicht ständig auf die traurigen Dinge des Lebens zu lenken. Die täglich machbaren positiven Dinge des Lebens lehren uns, dass das Leben eine Zukunft hat.

Henry G. Tietze

Ich war einmal, irgendwo zurückgelassen, ein glücklicher Mensch.
„Glücklich" bedeutet einen Menschen, der „sich selber ein gutes Schicksal zuteilt". Gute Schicksale aber sind gute Neigungen der Seele, gute Triebe, gute Handlungen.

Marc Aurel

Ich habe den Kardinal Imperiali sagen hören: „Es gibt niemanden, den das Glück nicht einmal in seinem Leben besucht. Aber wenn es ihn nicht zu seinem Empfang bereit findet, kommt es zur Türe herein und geht zum Fenster hinaus."

Charles des Montesquieu

Leite uns zu unserem Glück

Gib uns die weisen Gedanken, erfülle unsere Herzen mit Gutem, damit wir miteinander partnerschaftlich leben.
Zeige uns die „tausend“ Möglichkeiten, einander Freude zu bereiten, und wecke unsere Begabungen, damit unsere Liebe nicht im Sande verläuft.
Leite uns zu unserem Glück und hilf uns, die ANDEREN mit unserem Glück anzustecken.
Gib uns die Einsicht, unser Leben so zu bewältigen, dass wir aneinander wachsen und reifen – gerade in den Schwierigkeiten.
Du gibst uns die Chance einander zu vergeben.
Du nagelst uns auf unsere Unzulänglichkeiten nicht fest. So können wir miteinander leben und auf dem Weg des Lebens aufeinander zuwachsen und glücklich sein.

Uwe Seidel

Haben Sie den Mut, sich ins Leben zu stürzen,
Risiken einzugehen, Rückschläge einzustecken,
in dem Wissen, dass Sie dem Spiel der Gegensätze
ausgesetzt sein werden, also Erfolg und Scheitern,
Glück und Unglück, Lob und Tadel.

Arnaud Desjardins

Das Hemd des Glücklichen

Was uns am unmittelbarsten beglückt,
ist die Heiterkeit des Sinnes;
denn diese gute Eigenschaft
belohnt sich augenblicklich selbst.
Wer fröhlich ist, hat allemal Ursache,
es zu sein: Nämlich eben diese, dass er es ist.

Arthur Schopenhauer

Es gibt nur einen Weg zum Glück
Und der bedeutet, aufzuhören mit
Der Sorge um Dinge, die jenseits der
Grenzen unseres Einflussvermögens liegen.

Epiktet

Die meisten Menschen sind so glücklich,
wie sie sein wollen.

Abraham Lincoln

Das vollkommene Glück ist nicht nur ein Gefühl
Oder ein Zustand, den wir in der Zukunft
erreichen wollen,
es ist vielmehr die Vorstellung von einer
Harmonie, die tief in uns selbst lebt,
und die wir schon im Mutterleib erfahren haben.

Yehudi Menuhin

Glücklich sind die Menschen,
wenn sie haben,
was gut für sie ist.

Platon

Man sollte nicht sprechen von der Kunst,
glücklich zu sein, sondern von der Kunst,
sich glücklich zu fühlen.

Marie von Ebner-Eschenbach